Les petits imagiers

Les jeu

Anne Fronsacq

Illustrations :
Martine Bourre
Pascale Wirth
et
Chantal Cazin
Danièle Schulthess

Père Castor Flammarion

ISBN : 2-08160702-6

Ils jouent avec des cubes.

Il agite son hochet.

Le grand porte la petite
sur ses épaules.

À la crèche

Il apprend à faire du vélo.

Il pousse un jouet devant lui.

Il traîne un jouet derrière lui.

Il joue à la dînette
avec sa sœur.

Ils sont fâchés.

Ils se réconcilient.

Dans la chambre

Il est curieux : il veut savoir à quoi ils jouent.

Il boude : ils ne veulent pas jouer avec lui.

Ils jouent tous les trois ensemble.

Il lit un livre.

Quand il ne pleuvra plus,
il pourra jouer dehors.

Il a réussi son puzzle.

Un jour de pluie

Il construit un château.

Elle joue à la poupée.

Elle fait de la peinture.

Il lui propose de jouer au ballon avec lui.

Ils se lancent le ballon.

Il est tombé en faisant du roller.

Dans le jardin

Il se cache derrière un buisson.

Il pédale vite.

Ils construisent une cabane.

Toute la famille
va se promener.

Ils font des tours de manège.

Son papa lui offre
une sucette géante.

Au square

Elle a gagné une poupée.

Elle a lâché son ballon :
il s'envole.

Elle a attaché son nouveau
ballon à son poignet.

Des crayons et des paillettes pour se maquiller.

On peut se déguiser en portant un masque.

Il porte des chaussures de clown.

Au Carnaval

Il fait un clin d'œil.

Il lui fait une grimace.

Ils sont déguisés en prince
et en princesse.

Il écrit ses invitations.

Il distribue ses invitations.

Ses parents décorent
la maison.

La fête d'anniversaire

Il reçoit beaucoup de cadeaux.

Ils jouent à se poursuivre.

Il souffle les bougies de son gâteau d'anniversaire.

Index thématique